박계순 시집

엄마의 쪼세

항상 웃고 다니기에
항상 기쁜 일만 있는 줄 알았습니다

늘 씩씩하게 다니기에
아픈 곳이 하나도 없는 줄 알았습니다

늘 베푸시기에
부족함이 없는 줄 알았습니다

항상 약속을 잘 지키시기에
한가한 줄 알았습니다

매번 손 내밀어주시기에
늘 기댈 수 있는 줄 알았습니다.

늘 친절하시기에
그 사람은 원래 그런 줄 알았습니다

■서문

철학이 언어학으로 변신한 시 세계

　박계순 시인이 첫 시집을 상재한다. 축하를 보내는 사람 중에 나도 한 몫 들어 있다고 해야 할 것이다.
　박계순 시인의 시는 그 배경을 페미니즘에 두고 있다. 모든 시가 다 그렇다는 것은 아니지만 그의 시편들에선 종종 그런 호흡이 돌출된다.
　아침부터 저녁까지 현실과 맞서 달리다 보면 머릿속에서 들끓는 것의 정체는 가족이다. 박계순 시인의 시들이 대부분 가족 중심이며 그래서인지 시집의 제목도 《엄마의 쪼세》이다.

겹겹이 껴입은 옷이 철갑옷인양 꽁꽁 얼어붙을 것 같은 서릿발 세운 바람을 응원군인양 등에 지고 엉덩이 뭉개며 두 다리 질질 끌며 자식새끼 입에 들어갈 먹거리 생각과 막걸리 한 병 살 힘에 갯물

찰랑이는 굴바가지 들고 팔을 휘젓는다

        -시 〈엄마의 쪼세〉 중에서

  현대인들은 미학을 상실함으로써 미학이란 말을 무색하게 한다. 본래 미학이란 말은 예술과 철학을 합친 말이지만, 그 말보다는 예술학이란 말이 승해진 지금은 오히려 언어학이란 말을 깊이 있게 다루는 것 같다. 박계순 시인의 시의 흐름은 철학이 언어학으로 그 체모를 바꾸고 있다고 보면 되겠는데, 여기서 시인이 상징적 언어 그 전부를 부각 시킨 것은 〈엄마의 쪼세〉이다.

  '쪼세'는 굴 따는 기구이고 '엄마의 쪼세'는 힘겨운 삶을 슬기롭게 지탱해가야 하는 가족의 상징이다. 박계순 시인은 시의 리듬도 독특하게 구사하고 있으며, 그래서 그의 시가 감동과 연민을 주고 있다.

  그의 시집을 손에 드는 독자들은 그만큼 행복하리라. 박계순 시인의 더 큰 발전을 빌면서 펜을 놓는다.

                2025년 봄, 박계자(평론가)

차례

1부
말과 소리 사이

016__엄마의 쪼세
019__401호 집주인
021__공항 가는 길
022__그런 줄 알았습니다
023__그립습니다 아버지
025__엄마에게 쏜 화살
027__기다림
028__나 이렇게 살았으면
030__말과 소리 사이
031__무말랭이

차례

2부
의심한다는 것

034__사랑했던 사람아
036__속상하다
038__아버지의 짐
040__봄꽃의 속삭임
041__어쩌면 좋지
042__염색
044__오빠 생각
046__의심한다는 것
047__장맛비
049__지우자

차례

3부
그것이 이유라고

052__친구
053__하루를 여는 창
054__회상
056__오늘
057__하늘은 파랗게 천고마비를 알리네
059__첫눈
060__산통
061__그것이 이유라고
062__외투를 벗는 거지
063__얼마나 아팠을까

차례

4부
상상의 날개

066__제주 해안로의 동백꽃
067__마음
068__태풍
069__벚꽃엔딩
070__벚꽃
071__의심
072__상상의 날개
073__허구
074__딸
075__2002.3월의 봄
076__산

차례

5부
언덕빼기

078 _ 가기는 가야 한다
079 _ 다연이에게
081 _ 풍선처럼
082 _ 언덕빼기
083 _ 상처
084 _ 체념
085 _ 착하구나
086 _ 옹기종기 둘러앉은 밥상
088 _ 용서해주세요

차례

6부
천사가 왔다

090 _ 아프지마
091 _ 아쉬움
092 _ 천사가 왔다
094 _ 넌
095 _ 의심병
096 _ 비
097 _ 시
098 _ 나 이렇게 살았으면
100 _ 기다림

차례

7부
이름 없는 꽃

101＿말
103＿엄마와 동지팥죽
104＿새해 다짐
106＿새벽 아침
107＿눈동자
108＿눈
109＿너와 나
110＿추풍낙엽
112＿우리집 만두 빚는 날
114＿이름 없는 꽃
116＿가을 한낮

차례

8부
강으로 바다로

118_미상
119_제주 한라산
120_흑진주
121_강으로 바다로
122_밤
123_봄바람
124_복수초
125_볕
126_철부지 인연
127_우리 손자
129_갱년기

1부
말과 소리 사이

엄마의 쪼세

밀물과 썰물이 드나드는 곳
크고 작은 바위섬
엄마의 한철 회사다

무수히 많은 바위, 바위,
그중의 한 바위,
밀물에 목욕하고 썰물에 일광욕하러
뾰족이 얼굴을 내밀 때

가을 지붕 둥근 박
구멍 뚫은 바가지에 새끼줄 끼워
양 갈래를 하나로 돌돌 말아
손잡이 삼아 쥐고
어제 대장장이한테 벼려 온
쪼세와 일심동체가 된다

겹겹이 껴입은 옷이
철갑옷인양 꽁꽁 얼어붙을 것 같은
서릿발 세운 바람을
응원군인양 등에 지고

일광욕하는 굴 딱지를 열어젖히곤
젖히던 길로 하얀 속살을 굴눈까지 박박 긁어
바가지에 던진다

한 치의 오차도 없이
가운데 수북수북 쌓이는 생굴
해가 시들어갈 때쯤
엉덩이 뭉개며 두 다리 질질 끄며

자식새끼 입에 들어갈 먹거리 생각과
막걸리 한 병 살 힘에
갯물 찰랑이는 굴바가지 들고
팔을 휘젓는다

401호 집주인

401호에 그녀가 살고 있습니다
까만 모자에 까만 원피스
잠자리눈이 되어있습니다

하늘에 계신 부모님을
그리워하는 걸까?

가까이에 있기는 해도
어쩐지 찾아오지 않는 님을 지우는 중일까?

오늘도 멍든
길고양이 먹이만
검은 비닐봉지에 들고 나섭니다

구름도 떠가고
바람도 휙휙
달리기를 하는데……

길가에 짓밟힌 가여운 채송화여
끈질긴 잡초여
일어나요
꽃피워요

공항 가는 길

창문을 열면 바람이 인사한다
가볍게
가볍게
오늘 나는
시간에 쫓기지 않는다
그저 흘러가는대로
날아가는대로
머리가 휴가 가는 날
손이 출장 가는 날
하늘을 향해 가는 이 길 위에
자유가 빤짝빤짝

그런 줄 알았습니다

항상 웃고 다니기에
항상 기쁜 일만 있는 줄 알았습니다.

늘 씩씩하게 다니기에
아픈 곳이 하나도 없는 줄 알았습니다

늘 베푸시기에
부족함이 없는 줄 알았습니다

항상 약속을 잘 지키시기에
한가한 줄 알았습니다

매번 손 내밀어주시기에
늘 기댈 수 있는 줄 알았습니다.

늘 친절하시기에
그 사람은 원래 그런 줄 알았습니다.

그립습니다 아버지

자석에 쇳가루 달라붙듯이
무릎에 앉혀놓고
머리 쓰다듬으시며
공주라고 예뻐해 주시던 아버지

술 한잔 걸쳐 기분 좋은 날이면
비틀, 비틀거리며
우리 애인은 올드 미스 ~
한 곡조 뽑으며 엄마를 사랑하셨던
아버지

술냄새 난다고 담배냄새 난다고
볼에 뽀뽀하지 말라고 앙탈을 부려도
더 귀엽다며 턱수염 비비시던
아버지

시장에 다녀오시는 날엔 맛난 사탕
주머니에 숨겨 오셔서
남동생 몰래 내 입에 넣어 주시던
아버지

갈대빗자루 곱디곱게 만들어
옆집 뒷집 다 나눠 돌리시던
솜씨쟁이 아버지

마을 앞 느티나무처럼
든든하게 서 계실 줄 알았던
아버지

한없이
그립습니다
아버지

엄마에게 쏜 화살

땡땡이 원피스가 잘 어울렸었는데
땅 내음에 빨려 들어간 듯
코가 땅에 닿았다
생강처럼 툭툭 불어진 손마디
금순엄마가 먼저 캐 가면 어쩌나 싶어
달래 냉이 씀바귀 뜯느라
흰머리가 흙바람 일으킨다
검은 비닐봉지, 봉지마다
나물이 가득가득
엄마 사랑이 가득가득
도회지로 시집간 딸아
얼른 와서 가져가거라 호령이시다

천국 급행 티켓이라도 끊었는지
시골 아낙의 하루는 동트기 전인데도
발바닥에 불이 난다

따르릉 따르릉
수화기 너머 요양보호사의 목소리가
짜랑짜랑하다
내가 못 살아, 제발 그러지 마세요

옆집 텃밭의 풋고추 다 따서 검은 비닐봉지
한가득 들고, 딸에게 전화라도 하신 모양이다

엄마~나 바빠요,
마트에서 사 먹는 게 더 싸요
제발~기름값이 더 들어요
그런 일로 전화 좀 하지 마요
그렇게 쏘아붙인 화살이
내게로 돌아오는 날이다

기다림

기린의 긴 목을 보았지
어디까지 멀리 보이는지
높은 곳을 보기는 쉬운지

다들 궁금해하지
목을 빼고 할 일이 한 가지
원래도 많은 시간을 요하지

누구나 한번 해본 그리움이지
양어깨가 축 처진 모양새
임 돌아올 밤 지새우는 기다림이지

나 이렇게 살았으면

상추 다칠세라~
토마토 몇 개 달렸는지 세어가며
텃밭에서 허리 굽혀 땀 흘리는 당신에게
살며시 다가가 밀짚모자도 씌워주며

텃밭에서 뜯어온 상추에
보리밥에 삼겹살 한 점 올려
아~
쌈 싸서 입에 먹여주며
앞마당 한구석 바위틈에 잡풀들이
삐죽이 올라왔는데 언제 뽑아줄거야 라며
투정도 부려가며

매미가 목청껏 울어대는 날이면
그늘 밑 평상에 내 무릎 베고 누운 당신의
흰머리도 뽑아주며

가을비가 양철지붕을 때려
빗방울 소리가 장단 맞출 때
아랫목에 배 깔고 누워
손가락에 침 묻혀 만화책장을 넘기며
낄낄거려도 보고
우윳빛 하얀 눈이 온 마을을 뒤덮을 땐
삽살개와 술래잡기도 하며
눈을 뭉쳐 눈밭에 벌렁 누워
하늘을 올려다보기도 하면서

나 이렇게 살아봤으면

말과 소리 사이

둘이는 단짝입니다
향기도 안 나요 눈에도 안 보여요
어쭙잖은 이는 구별하기도 힘들어합니다

된장처럼 구수하고 냉이처럼 향기롭고
시냇물처럼 한가롭게 유유자적
저 언덕 위 피어오르는 아지랑이
홍삼을 먹은 듯
체육관에서 단련한 근육이 튼실하고
연분홍 속살입니다. 참말이에요.

민들레 홀씨처럼 한 올 한 올 날아
밤이면 베갯잇 적시는 외로운 늑대
가슴을 멍들게 하고
발로 걷어찬 깡통이 저 혼자 요란합니다.
소리는 영혼도 없는데

무말랭이

혈관이 활기차고 통통하며
피부는 우윳빛 몸체를 지닌 젊은 시절

무참히도 뽑히고 자르고 썰고
내리쳐져 그대로 적나라하게
햇빛에 온몸을 쬐이는

바람도 지나갔는데
누렇게 찌들고 쪼그라들어야만 끝나는
무말랭이
너는 어쩜 나의 신세랑
이토록 닮았느냐

2부
의심한다는 것

사랑했던 사람아

이 사람아~
왜 내 말을 안 듣나요?
밥은 먹었는지 묻기 전에
내 마음을 한 번 먹어보긴 했나요?

내 땀방울은 술국이 되고
한숨은 밥이 되고
떨궈버린 눈물이 한강을 이뤘네요
삐약거리는 새끼들의 뒷날 걱정에
또 하루가 지나갑니다

피를 토해 말을 해도 귀를 닫고
손을 뻗어도 뿌리치는 당신
손에 물 한 방울 묻지 않게 해주겠다던
꿀송이 같은 약속은 어디에 던졌나요

이 암울한 고난 지나면 내 마음
알아주리라 믿었건만
마주한 밥상머리에서도
마음은 마주하지 못하고 있네요

그대여
팬티를 터뜨릴듯 빵빵 뀌어대던 방귀처럼
호강시켜준다던 헛공약은
어디에서 또 터뜨리고 있나요

그래도 언젠가는 내 말에 귀 기울이는 척
천연덕스럽게 돌아오긴 할 건가요

속상하다

내가 모르면 남을 의심하고
나의 약점을 덮으려고 더 큰소리치고
어제까지도 쓸개를 다 내어주겠다더니
몇 시간 지나지 않아
죽일 듯이 숨통을 조른다.

다 포기하고 싶고
다 내려놓고 싶고
가슴속 저 밑에선
입으론 꺼낼 수 없는 불을 토해낸다

얼굴은 굵은 소금 뿌려놓은 듯 푹 죽었다
까만 뒤통수 동전 하나 붙이겠네
재생크림, 주름크림,

덕지덕지 처발라도
온데간데없는 이유 있었네

가슴은 먹먹
머릿속은 하얗고
마음은 텅빈 채로
오늘을 또 메워간다

아버지의 집

흰 눈의 무게에
푸른 소나무 어깻죽지가 우지직
지축이 흔들리던데요

잿빛 잠바에 구릿빛 얼굴
힘없이 늘어진 아버지의 어깨
흰 눈 무게에
저 산 아래 응달진 비탈에서
뿌리째 뽑혀 누워 있던
술 취해 갈 지z자를 그리다 쓰러진
아버지의 술에도 시름이 넘쳤었나요

섣달 그믐날
하얀 눈이 마구마구 바다로 향해 몸 던지던 날
아버지

눈의 무게를 짊어지기가 버거우셔서
하얀 눈 이불 해 덮고 마실 나온 형님과
바닷물로 술 한잔

그리움 환희의 술잔 기울이고 계시나요

봄꽃의 속삭임

하얀 눈이 남긴 차가운 숨결 위로
따스한 햇살이 스미면
하얀 목련이 속삭인다

"얘들아 깨어날 시간이다"

진달래 소복이 피어나고
개나리 노란 미소 짓고
살랑이는 바람결에
벚꽃들이 춤을 춘다

어쩌면 좋지

자다가 툭!
소리에 눈을 떠보니 반가운 임의 흔적
어쩌면 좋지

무엇을 하는지
머릿속엔 이미 그대 생각뿐
어쩌면 좋지

뒤돌아보면 또 궁금해지니
어쩌면 좋지

나오는 길도 모르면서
자꾸만 자꾸만 빠져드니
어쩌면 좋지

염색

배냇머리 검은 머리 토종인걸
꺼덕대고 멋 부린답시고
서양여자처럼
노랑머리
파랑머리
등 위에
가지런히 널어
찰랑찰랑
샴푸향 날리며
뭇 남정네들의 마음을 빼앗기도 했는데

열차 뒤로 휙휙 사라지는
전봇대 숫자만큼이나 지나서
검은 머리가 파뿌리 되었네

감자꽃, 망초꽃 피었다네

토종이 그립다며
오징어 먹물도 먹이고
헤나에 담그고는
이 먹물 저 먹물로 발버둥치네

오빠 생각

12월
1 2 3 4 5 6 월 화 수 목 금 토요일의
달력방패연, 달력가오리연

엄마 몰래 부엌에서
한 움큼 훔쳐 온 밥
무딘 칼로 대나무 신호대
살 깎아 어제 넘긴 12월 달력으로
방패연, 가오리연

자아~들고 있어
오빠가 달리기 시작하면
높이 올려 날려 줘
줄줄 내려가는 바지춤 한 손으로 잡고
검정고무신 벗겨지는 줄 모르고
힐끔힐끔 뒤돌아보며 뛰던 오빠

지금은 어디에서
그 누구와 연날리기하고 있어
그날
그날
차갑게 심장이 멎던 날
빌어먹을 차가운 심장이여

무쇠솥 같은 사람이여
돌아오는 겨울에
방패연, 가오리연 꼬리라도
보여주면 안 돼?

의심한다는 것

아무 말 하지 않아도
밥을 안 먹어도
안 입던 옷만 꺼내입어도
핸드폰만 보고 있어도
향수만 뿌려도
차가 많아 귀가시간이 조금만 늦어도
그 누군가와 통화시간만 길어도
걸려온 전화를 받지 않아도
눈이 돌아가고
가슴이 마룻장을 들었다 놨다

# 장맛비

올 때가 되었습니다
마루턱에 걸터앉아 마룻바닥에
걸레만 왔다 갔다

먼 산 중턱에 걸터앉은 구름아
때가 되었어 어서 오렴

멀리 밥벌이한다고 떠난
우리 새끼는 어디에 걸터앉았나
혹여라도 엄마 손 잡고 나온
햇병아리도 지나갈 수 있어
천천히 지나가려무나

물보라를 치면
뒤돌아 너를 향해
원치 않는 윙크를 쏟아부을 수도 있어

담장 옆 능소화도 고개 들고 기다리네

어젯밤 꿈속에 만났던 내 임이여
이 비 그치면 오시는 건가요
나를 깨우고
두 팔 벌려 맞이한다.

지우자

밀려나는 때처럼
지우개로 흔적 없이 지우자

너는 매력 없어, 라고 한 말을 지우자
너는 못 생겼어, 라는 말도 지우자
넌 키가 난쟁이야, 라고 한 말도 지우자

금방 한 말도
딱지 뒤집듯이하는 너

뱉어내는 말마다 상처만 주는 너를
지우개로 슥슥 지우고

하얀 내 마음에 콘크리트를 부으련다

3부
그것이 이유라고

친구

친하게 지내는 사이
구차한 사연까지 알아가는 사이

친밀하게 비밀을 나누는 사이에서
구원투수가 되어주는 사이

친절을 베푸는 사이에서
구사일생으로 발전하는 사이

친자를 떠나보내고 만나는 사이에서
구절판같이 맛깔나는 사이

하루를 여는 창

마음의 창을 열고 보니 지구가 보였네
가만히 들여다보니 태양 빛에 예쁘게 반사되네
산은 울뚝불뚝한 채로 펼쳐져 나무를 품었네
새는 노래하며 넘나들고
나비와 잠자리도 날갯짓으로 뽐내네

바다와 강은 웃으며 넘실대고
반짝이는 태양을 끌어안고
때때로 툭 쳐서 물고기를 보여주곤
다시금 미소짓는 고요로 창을 열어두네

회상

언덕길을 어린아이 손 잡고 오르려면
숨이 차 헐떡거렸지
사탕 하나 준다며 달래서
마을 고갯길로 돌아서면

숨이 막힐 듯 깔아놓은 개펄
금방이라도 덮칠듯한 뿌연 바닷물

가슴은 바늘 하나 찌를 틈 하나 없고
머릿속은 온통 수세미로 헝클어졌고
딱딱한 산비탈 묵정밭만이 나를 반긴다

연분홍 진달래
파란 잎사귀에 자리 내어주고

헝클어진 실타래 등잔 밑
한 올 한 올 빼내는 밤들
손톱이 깨지고 닳아 없어지네

가슴 속 박힌 옹이들과 수다도 떨 수 있고
손톱 밑에 박힌 가시도 뺄 줄 알고
무릎 상처에 어떤 연고를 바르고 싸매야 할지
이제는 알 것 같네

오늘

1년 365일 중 오늘
나는 인생의 가장 아름답고 빛난
싱싱한 오늘을 살아냈다

하늘은 파랗게 천고마비를 알리네

파랗게 펼쳐진 융단 위에
흰 구름으로 수를 놓고도 부족한 듯

노을빛에 취한 붉은 얼굴을 내밀고도
숨으려하네

도리를 다한 나무는 울긋불긋 새색시마냥
미소 띄우고

땅도 마당놀이를 하라고
바람 친구를 부르면서 뒹구르르

도토리도 다람쥐를 부르고
밤 가시에 찔린 엄살에
친구 다람쥐 줄행랑치고

베풀어 나눈 밤송이에 멈춘 눈물을 닦고
둘러앉아 모닥불에 토실토실 알밤에

푸념 사라지고
타닥! 소리에
웃음꽃 까르르 까르르
은행은 가을을 갈무리하는지
데굴데구르르 뒹구네

이때라
지나가는 나그네의
바지 주머니에 불뚝한 행복

첫눈

첫눈에 반할 만큼
눈부시고 포근하다

까마득히 먼 옛날 첫눈에 반한 사랑을
내 볼에 비비게 한다

내 첫사랑처럼
너도 스스로 녹아내릴 거니

산통

시커먼 구름이 서쪽에서 몰려들어
뿌연 흙과 비를 뿌린다

숨어있던 줄기에 망만 보다가
얼굴을 뾰족 내밀까 재어보는데
나갈까 말까 망설이는 산수화
어기적 어기적
앞산만큼 나온 배를 자랑하듯 뽐내더니
어젯밤 드디어 신호가 온 모양이다
몸을 뒤틀고 죽겠다고 신음을 뱉어낸다
더 이상은 나도
어둡고 출렁이는 곳에서 탈출하여
하얀 속살 드러내 산수화 향 맡아보고 싶다고

그것이 이유라고

겨울이 얼었다
마치 꽁꽁 묶인 매듭처럼 풀리지 않는다
어떻게 풀 수 있을까

봄날이 찾아오면 자연스레 녹겠지
그렇게 생각하며
강태공 아닌 강태공으로 세월을 낚았다

겨울도
나와 함께한 당신이었다

보낼 수 없는 겨울
내가 사랑한 겨울
그것이 이유라고

외투를 벗는 거지

어떻게 하면
무거운 바람이 가벼워질까

엄청 무거워진 바람이
외투 빈틈을 비집고 몸에 스미네
그럴 수도 있겠다.

그때
슬그머니 외투를 벗는 거지
그리고 마구 털어버리는 거지

달라질 거야
모든 걱정과 생각도
그 바람에 같이 날려갈 테니까

얼마나 아팠을까

애어른 같았던 큰 고목 같았던
내 삶의 끈이었던 큰놈이 쓰러졌단다

마을에서 소문난 억척아지매
어떤 수군거림에도
눈 하나 끄떡하지 않는 청상과부

그날부턴
손으로 툭 건드리면 눈물이 펑펑
눈동자는 꽝꽝 언 동태눈이 되고 말았다

눈물에 젖은 밥이 목구멍으로 내려갈 땐
로봇이 식사하는 듯

주름진 얼굴의 달콤한 미소에도
눈물이 흘러내렸다

그렇게 아슬아슬하게
하루하루를 접고 있었다

어느 한 날
유일한 가족인 집 앞 말뚝에 메인
강아지만 컹컹 짖어댈 뿐
소리 없이 이별을 고했다

얼마나 아팠을까
얼마나 아팠을까

4부
상상의 날개

제주 해안로의 동백꽃

수북수북 쏟아놓은 붉은 동백꽃송이
아~ 동백아

홀로 뒹구는 희나리 동백꽃송이
아~ 아픈 동백아

넓고 깊은 제주 앞바다 파도는
바위에 부딪히고 부딪혀
하얀 속살만 보이곤 사라졌구나

넓고 깊은 하얀 파도여~
바위에만 말고 나한테도 와 주려무나.

다시 찾아올 봄에는 눈부시게 고운
바알간 동백꽃으로 다시 태어날 거야.

마음

살아온 세월의 흔적, 손의 거칠어짐에 있고
마음만은 부드러운 비단결

내 마음은
겉은 가물어 터져 쩍쩍 갈라진
논바닥 같고 보기 좋게 꾸며놓은 인형.

태풍

지난번의 비와 태풍이 또 몰아친다

추풍낙엽처럼 찢어지고 구겨지고 나뒹군다

언제 또 태풍이 덮쳐올지 몰라도
반드시 또 머잖아 또 일렁일 걸 나는 안다

잔잔하고 은은한
따스한 햇살하고만 동행할 순 없을까?

벚꽃엔딩

하나둘 비바람에 흩날리더니

비오듯 쏟아져
길바닥에 짓밟히며
소리 소문도 없이 사라지고
눈에서 너를 볼 수 없구나~

내 마음은 아직 피지도 못했는데
꽃잎을 떨구면
나는 어쩌라고

벚꽃

하얀 속살 터트려
한 잎 두 잎 어깨동무를 한
하얀 벚꽃들로 온 세상이 가득하다

순백색을 입은 신부들로
눈이 아프다 가슴 설레인다

벚꽃들에게 온 정신을 다 빼앗겼다
내 마음은 아직 피지도 못했는데
꽃잎을 떨구면 나는 어쩌라구

아물지 않은 상처를
치유할 마음만은 남겨두고 가야지
너마저 홀랑 떠나버리면
시린 몸은 꽁꽁 얼텐데

의심

나간다

아무 말도 없이

또 시작이다

잠자리눈이

이리저리 돌아가고

생각이 또

온 세상천지를
헤집고
다닌다

상상의 날개

지우려 하면 할수록
더욱 또렷해지는 선명한 그림자들
더더욱 세밀하게 올라오는 기막힌 그림들

그 일의 원인은 무엇이었을까
그날의 그 일만 터지지 않았으면
그래도 이 울화통 터지는 상처를 달고 있을까

더 큰 상처가 있을까
무엇이 나를 견디게 했는가

마음속의 정죄함
사회 속의 외톨이

허구

그도 모르리
두 발 모두 안 담갔을 수도
한 발만 걸치고 눈치를 봤을 수도

상상 속에만 존재할 수 있는 이 독초를
어떻게 제거해야 할까?

새롭게 다시 태어날 수 없을까?
백지 위에 다시 시작할 수 없을까?

딸

선택할 권한 없이 던져진 운명이었다
부정탈까봐 대문에
흔하디흔한 솔가지 꺾어
문풍지 바르고 남은 흰 창호지와
새끼줄로 엮어 걸어놓았다
앙앙 울어대야만
물기 덜 마른 손, 치맛자락에 쓱쓱 비벼
하는 수 없이 젖가슴 내어주던
그도 딸이었으리

딸
선택 없이 주어진 운명에
한숨조차도 산바라지조차도
고개조차 들 수 없는 죄인처럼
당당함이라고는
아궁이에 불살라버렸다

2002. 3월의 봄

다시 꽃필 봄을 기다리며

아~ 진달래꽃을 보고도
개나리꽃을 보고도
반기지 못했다

눈이 아파서
귀가 안 들려서
마음이 멍들어서

다시 꽃필 따사로운 봄에는
진달래꽃을 머리에 꽂고
개나리꽃 위의 나비와 훨훨
날으리 날으리라

산

입혀주지도 않았는데
어느새 파란 옷을

먹을 것을 주지도 않았는데
키도 부쩍 잘 자랐구나

성별도 구분해주지 않았는데
알아서 소나무 밤나무 참나무…
구별했구나~

5부

언덕빼기

가기는 가야 한다

바람개비 돌 듯

내 마음 변하기 전에

가기는 가야 한다

다연이에게

화사한 부드러움으로
투명한 싱그러움으로
당찬 자신감으로
엄연한 정직함으로

너의 총명함으로
너의 새침함으로
너의 깨끗함으로
너의 순수함으로

너의 애잔한 따사로움으로
너의 풋풋한 젊음으로
단아한 모습으로
고고한 자태로

너의 가득찰 꿈을 향해

날아올라
멋들어지게 한껏 뽐내보렴~
다연아~

풍선처럼

웃는 모습이 참 예쁘구나
마음 씀이 너무 곱구나
보고 또 보고 싶어지는구나
시도 때도 없이 네 생각이 나는구나
너에게 안부 문자를 보내며 시작하는
하루가 나는 행복하단다

가슴에 고이 간직한 생각이
형용화되어 밖으로 뛰쳐나오는
수많은 미사여구

그대가 점점 다가올수록
내 가슴은 풍선처럼
부풀어오른다

언덕빼기

언덕빼기에 올라가
켜켜이 묵은 아픔도 모두 날려버렸다

한참을 그 언덕빼기에 혼자 앉아있곤 한다
작은 언덕빼기는 나의 안식처다

상처

싸락눈 싸각싸각 쌓이듯
한 조각 한 조각 쌓인 상처

금세 아물 줄 알았다
하지만 바람만 스쳐도 가렵고 쓰라리고 아프다

시간이 약이라지만
얼마나 더 참아야 될까
이 너덜너덜한 상처가 나을까

눈에 보이지 않는 상처가 더 오래 깊다
흔적 없이 상처가 치유되는 날이
언제나 올 건지

체념

엉뚱한 소리를 바로잡기보단
나는 입을 닫는다

비아냥거리는 소리에 화내기보단
나는 입을 닫는다

상처 주는 말에 상처 안 받으려고
나는 입을 닫는다

남의 편처럼 느껴져 내편 해달라 안 하고
나는 그냥 입을 닫아버렸다

멀쩡하게 들리는 귀마저
어느 순간 닫을까 두렵다

착하구나

겨울
넌 참 착하구나
봄바람을 데리고 오구

넌 참 예쁘구나
예쁜 꽃들을 데리고 오구

넌 참 멋지구나
가슴을 활짝 열게 해주구

넌 참 기특하구나
새싹들을 싹트게도 하구

봄을 데리고 오구
참 고맙구나

옹기종기 둘러앉은 밥상

초가집 모퉁이를 돌아 굴뚝에
연기 모락모락 피어오르고
아궁이에 불 때며 앉아 밥 짓는 어머니

아궁이 나무 숯에
된장찌개 올려 보글보글

총각김치 배추김치 동치미가
살얼음에 미끄럼을 탄다

숭늉을 뜨러 갔다 오려면 눈치를 살피지만
늘 종 부려먹듯 하는 외동딸 차지

아궁이에 장작개비 하나 던지고
가마솥에 엎드려

구수한 숭늉 한 주전자 담아

한 손에 숭늉주전자
한 손으론 방문고리 잡으니
쩌억 ~ 쩌억 손이 달라붙는다

그 춥던 세월
옹기종기 둘러앉은 둥근 양은 밥상
김치만 있으면 밥 한 사발 뚝딱

용서해주세요

배부른데도 숟가락을 내려놓지 못한 것을
용서해주세요

없어질 것에 목메는 나를 용서해주세요
곁눈질한 것을 용서해주세요
잘난 척한 것을 용서해주세요
무시한 것을 용서해주세요
의심한 것을 용서해주세요
무관심한 것을 용서해주세요

6부

천사가 왔다

아프지마

네가 왜 아픈 거니
아프지 말아라

네가 아프면
난 그냥 허물어진단다

꼭 아파야 한다면
딱 두 시간만 아프거라

아쉬움

머리를 손질하고
화장을 고치고
몇 번이고 거울을 보며
기다리는 마음
사랑하는 마음이
마음속에 가슴속에
자리 잡았다가
어느날 갑자기
마음에서
가슴에서 훅
훅 빠져나가면
어쩜 좋아요

천사가 왔다

천사가 왔다
춥지도 덥지도 않고
풍성한 이 좋은 계절
우리에게
천사가 도착했다

꼬물거리는 손가락 발가락
엄말 닮아 오똑한 피노키오 코
아빨 닮아 새하얀 살결
앙~ 앙~ 울어주는 힘찬 목소리

이렇게 가슴 벅차게 설레고
마음 기쁘게 해주던 일이 있었던가
할매여도 좋다
아니 왕할매여도 좋다

온통 천사의 얼굴이
내 눈에
내 맘에 가득하다 우리 천사가

반갑고 고맙고 기쁘고 감사하다
맘껏 안아보고
실컷 뽀뽀해주고 싶다

넌

넌 참 착해
넌 얌전해
넌 야무져
넌 똑똑해
넌 흠잡을 데가 없구나

이런 말들로 콘크리트쳐 놨다

그 틀에서 갇혀 살기 싫다

의심병

가뭄이 심해 논바닥이 쩍쩍 갈라질 때까지

낙서장에 한탄이 빈틈없을 때까지
바람 바람이 흔들어
나뭇잎을 다 떨굴 때까지

장작더미에 불나방이 타올라
숯덩이가 되도록

상상의 나래는 끝없이 끝없이 추락하고서야~

갈기갈기 찢기고서야 머리를 떨군다

비

비가 내리네
덮어두었던 눈 이불 걷어치우려고
비가 내리네

배고파 허기진 이들에게
비가 내리네

허리 굽은 청소부 일손 덜어주려고
비가 내리네

꽁꽁 언 내마음 눈물되어 씻어주려고
비가 내리네

시

나는 도둑이 되고 싶다

좋은 생각을 훔치고 싶다

마술사가 되고 싶다

가슴을 녹여줄

허공을 채워줄

심심함을 없애줄

화끈한 도둑이 되고 싶다

나 이렇게 살았으면

상추 다칠세라 전전긍긍하다가
토마토 몇 개 달렸는지 세어가며
텃밭에서 허리 굽혀 땀 흘리는
당신에게 살며시 다가가 밀짚모자도 씌워주고

텃밭에서 뜯어온 상추에 보리밥에
삼겹살 한 점 올려 아~ 쌈 싸서 입에 넣어주며

앞마당 한구석 바위틈에 잡풀들이
삐죽이 올라왔는데
언제 뽑아줄꺼야라며 투정도 부려가며

매미가 목청껏 울어대는 날이면
그늘 밑 평상에 내 무릎 베고 누운
당신의 흰머리도 뽑아주며

가을비가 양철지붕을 때려
빗방울 소리가 장단 맞출 때
아랫목에 배 깔고 누워
손가락에 침 묻혀 만화책장을 넘기며
낄낄거려도 보고

우윳빛 하얀 눈이 온 마을을 뒤덮을 땐
삽살개와 술래잡기도 하며
눈을 뭉쳐 눈싸움하다가 눈밭에 벌렁 누워
하늘을 올려다보면서

나 이렇게 살아봤으면

기다림

그는 기다리라고 하지 않았습니다
약속도 하지 않았습니다

그래도 나는 기다립니다
핸드폰 잠금장치를 풀고 또 풀며 확인합니다

기다리는 맘 들킬까 봐
혼자 얼굴 빨개집니다

기다리는 내 마음
언제쯤 그대에게 전해질까

시간을 저축할 수만 있다면
조바심하지 않아도 될 텐데······

7부
이름 없는 꽃

말

바싹 마른 지푸라기로 새끼 꼬듯
배배 꼬인 말로

삽으로 가슴을 파고 또 파고
호미로 가슴을 헤집고 또 헤집어놓는다

고구마 줄기에 줄 지어
넝쿨째 따라 올라오는 응어리들

토해낼 수 없는 응어리들은 쌓을 곳이 없어

베보자기에 두부 짜듯이
눈물로 짜여 내린다

엄마와 동지팥죽

눈보라가 휘몰아쳐
여기저기 눈 쌓인 언덕들
작년에 새로 엮은 초가지붕 이엉 밑 지푸라기
가닥, 가닥, 길게 늘어뜨린 고드름이
빗살처럼 내려올즈음
동동 구리무도 아끼느라
쩍쩍 갈라진 손등도 아랑곳하지 않고
팥죽을 먹어야 액운을 물리친다며
커다란 항아리 뚜껑을 열고
서걱서걱한 얼음 속에서
퍼담은 동치미 한 그릇,
모락모락 김 나는 새알 동지팥죽
해가 서산에 질 즈음
싸리 울타리를 넘는 엄마 목소리
팥죽 먹어라~ 팥죽 먹어라~
엄마의 그 목소리가 듣고 싶다

새해 다짐

자신감이 없을 때는
초등학교 때 받은 우등상을 떠올리겠습니다

나만 뒤처지는 그런 생각이 들 때는
안개꽃을 한 다발 사겠습니다

조급한 마음이 들 때는
어느 산골 농부를 생각할께요

손해본다는 생각이 들 때는
기부천사를 떠올리겠습니다

눈물이 날 때는 그 눈물
두 볼 위에 조용히 흘려 보내고

보고 싶은 사람이 생각날 때는
음악을 들을께요

화가 날 때는
꼭 안아주며 토닥토닥 토닥여줄께요

교만해지는 것 같은 마음이 들 때는
머리 숙여 기도하겠습니다.

새벽 아침

어둠이 걷히자마자
삶은 달걀 속껍질을 벗기듯
눈을 뜹니다

초록 이파리에 맺힌 이슬처럼
또렷한 싱그러움

가을 호수의 맑은 물처럼
잔잔하고 조용함은

밤새도록 탐욕을 멈추게 해준 덕분일까요

밤새도록
꿈속에다 빼앗긴 사심 때문일까요

눈동자

수정을 박아 놓은 듯 빛나고 초롱초롱한
너의 눈동자를 보고 있으면
나는 어느새 네 눈 속으로 빨려든다
세상에 어떤 보석이
이토록 빛날까

눈

눈이 오네
눈이 오네
눈이 온다네

작년 첫눈도 이리
반가웠던가

눈 쌓이는 창가에 앉아
달콤한 커피 한 잔

눈이 오네
그 임도 바람 타고 올 것만 같네

눈송이 한 움큼 뭉쳐
임의 얼굴에 비벼 볼까나

너와 나

너와 나는 서로 다른 길을 걷다가
어느 날 같은 지붕 아래 섰지

너는 바람 나는 나무
너는 파도 나는 바위섬

하지만 바람이 스치고 간 자리마다
나는 흔들리는 나뭇잎
파도가 몰아칠 때마다 나는 깎이고 파일뿐

하지만 서로 다름이 아름다운 조화
너는 내가 되고
나는 네가 되어 가는 중이다

추풍낙엽

때가 온 것 같아요
기꺼이 자리를 내어 줘야 할 때가 왔나 봅니다
어젯밤 천둥 번개가 칠 때 나는 이미
알아버렸습니다

아침부터 산통이 시작되었습니다
비바람이 휘몰아칠 때마다 못 견디게
진통이 이어져 이 가지 저 가지 흔들며

비에 실어 한 잎 떨구고
바람에 태워 두 잎 실려보냅니다

이 진통이 끝나면
단단한 속살로 버티며

포근히 내려와 덮어줄

하얀 눈을 맞으려고
진통을 견디는지도 모를 일입니다

우리 집 만두 빚는 날

김치 송송
두부 송송
맛난 고기 장 다져 가을 김장하듯
마구마구 치대어 버무려 만든
만두소

손바닥에
하얀 밀가루 분칠해 갈 때면
못난이 이쁜이 왕만두…
대식구 먹을 만두들
쟁반 위에 나란히 나란히

제일 못 만든 사람한테
제일 못 생긴 만두 넣어 줄꺼야
만두를 예쁘게 만들어야
예쁜딸 낳는데 ㅎㅎㅎ

익살스러운 웃음꽃이 필 즈음
만두 익어가는 냄새에
여기저기서 코가 벌름벌름

이름 없는 꽃

그 누구도 눈길 한번 주지 않았다
그저 홀로 외로이 고개 내밀고 핀
이름 없는 들꽃 하나

지나가는 비
세차게 때리는 바람뿐
가끔은 길가는 사람의 발길에 모가지가 부러져
내동댕이쳐지고 짓밟힐뿐

어느 날 문득
따사로운 햇빛도 내려주고
향기도 맡아주고
이름도 지어주고
꽃의 여왕에 올렸다
그대가 미소짓는 양귀비가 되었다

그대가 바라보는 한
살랑이는 바람에 향기 실어
그대에게 한껏 뽐내보련다

가을 한낮

바람은 선뜻 불고
갈대는 반갑다고 흔들어대고

야트막한 산기슭엔 다람쥐가
도토리 주워 나르느라 바쁘고

노란색 보라색 들꽃들은
윙크하며 내 눈길 유혹하네

바람도 아닌 것이 다람쥐도 아닌 것이
들꽃도 아닌 것이 바람에 흔들리고
부질없는 것에 목메고
괜한 몸짓에 시골 처녀 마음만 살랑이네

8부

강으로 바다로

미상

세상에 나갈 용기도 준비도 없어
주저하고 앉아 모든 고통도 괴로움도
온전히 감내해 왔다

속 좁게 급히 뱉어버린 말을
금방 후회하는 어리석음도

억지로 봉합하지 말자
피가 철철 흘러도
아프면 아픈대로 끙끙 앓아보자
진땀도 흘리고
후끈후끈 열도 내자

제주 한라산

차창 너머로 가녀린 몸을 흔들며
발갛게 웃어주는 이름 모를 꽃들

곡선을 그어 놓은 듯
우아하고 담백한 자태를 뽐내며 터를 잡아
온 섬을 품고 앉아있는 한라산

옹기종기 손을 맞잡고 둘러앉은
까만 돌담길

키 작은 지붕 아래
소근소근 피어날
우리들의 추억

흑진주

깊은 바다 고요한 품속
인내가 빚어놓은 보석
거친 풍랑에 짜디짠 바다에
깎이고 품어진 검은 별

검은 속삭임과 빛을 삼켜
밤하늘의 별과 같이
빛나는 광채

매일 오가던 길로 가다가
때론 다른 길로 가보고 싶다
말없이 노래하는 흑진주
길잃은 흑진주처럼

강으로 바다로

뽀글뽀글 뽀글거리던
물줄기가 분수처럼 솟아오른다

한 줄기 한 줄기
달려 올라온다

마음의 응어리가
하나하나 뿜어져 나온다

큰 폭포수가 되어
흐른다
마침내 강으로 바다로

밤

너에게도
나에게도
조용히 다가와 준 밤

너는 나를 생각하라고
나는 너를 그리워하라고
살며시 다가와 준 밤

아무도 모르게 나만 생각하라고
혼자만 맘껏 그리워하라고
장막을 드리워준 밤

너는 너를 지키라고
나는 나를 지키라고
꿈속에서만 만나라하네 이 밤이

봄바람

바짝 웅크린 나뭇가지에
일어나라고 바람이 부딪친다

바위틈에 숨어있는 들꽃에게
피어나라고 바람이 어루만진다

꼭꼭 껴입은 옷 벗으라고
봄바람이 옷 속으로 파고 든다

냉냉한 마음 녹이려고
가슴에 살랑살랑 비벼댄다

복수초

다 녹지도 않은 땅을 헤집고
어리고 어린 꽃잎을 밀어 올리느라
너는 얼마나 아팠니?

일생에 한두 번 겪을 해산의 고통을
너는 해마다 겪는구나

난 한두 번만 하는데도
평생 불평한단다

아름다운 인꽃을 선물로 받았으면서
불평만 하다니

너를 보면 새삼
난 못난이

볕

약속한 그 순간부터 데이트는 시작된다

어릴 적 소풍 가기 전날 밤
설레임에 잠 못 이루던
두근거리는 맘으로

상상의 나래를 한껏 펼치고
부풀어 오르는 풍선처럼 펼쳐질
저 멀리에서

햇살처럼 따스한 눈빛으로
사람의 볕을 쬐고 싶다

철부지 인연

유통기한 유효기간
분명 존재하는데
나만큼은 예외라는 것처럼
새끼손가락 걸지 않았다
마음만 강과 바다를 건너기 위해
하염없이 달리기만 했다

뱃살을 집어넣으려고
코르셋에 가두기도 하고
쇼윈도의 화려한 옷과
화장품에 나를 팔기도 했다

고목의 그늘이 저절로
뚝뚝 떨어지는 줄 알았다
유통기한, 유효기간이 있다는 걸
그 때는 몰랐었다

우리 손자

누구의 작품일까

휴대폰 속 사진 동영상을
무한 반복 시청한다
누가 시키지도 않았고
강제구독도 아닌데 말이다

벙긋벙긋 살인미소에 따라
입이 벌어지고 오줌을 지린다

제비새끼처럼 벌린 입속엔
하얀 옥수수 두 알 뾰족 내밀었다

이 방 저 방을
빙상스케이트선수처럼
누비고 다닌다

뒤뚱뒤뚱 엉덩이
보드라운 볼살
우윳빛 냄새
어제 보고도 또 보고 싶다

명품 중의 명품이 틀림없다
예쁘고 예쁜데,
사랑스럽기만 한데
아무런 대가 없이 누리는 이 기쁨
얼마나 큰 기쁨이 되었는지 모른다

갱년기

갑자기 뜨거운 바람이 훅훅 올라오더니
몸속을 한여름으로 몰아넣더니
금세 찬바람 쌩쌩한 가을에다
내려놓는다

마음도 종잡을 수가 없다
아주 작은 일에도 버럭
옆지기가 말을 걸어도
신경질 한 움큼 집어던진다
이 모습이 익숙한 거울 속
내 모습이 낯설다

나는 안다
이 모든 것도 지나간다는 것을
내 안에서 서서히 달구어
익어가게 한다는 것을

엄마의 쪼세

인쇄일 | 2025년 04월 15일
발행일 | 2025년 04월 20일

지은이 | **박계순**
펴낸곳 | 도서출판 **문학의빛**
등 록 | 2024.07.02. 제2024-000093호
　　　　등록번호 173-95-01657

주 소 | 경기도 파주시 파주읍 봉서산로225번길 46-1
전 화 | 010-8728-1732
이메일 | gaka345@naver.com
가 격 | 15,000원
 ISBN | 979-11-989055-8-1

* 잘못된 책은 구입처에서 바꿔드립니다.